神様からの
Gift Word《ギフトワード》

心を浄化する幸せの言葉

スピリチュアル心理カウンセラー
日下 由紀恵
Kusaka Yukie

永岡書店

この本を開いてくださったあなたへ

最初から読み進めていただいても、
パラパラとページをめくって気になる箇所をお読みいただいても、また、
時々のメッセージを受け取る書としてもご活用ください。

ギフトワード（言葉）から アドバイスを得る

パラパラとページをめくりながら、「なんとなく心地いい」「気分がよくなる」「なぜかわからないけど気になる」などの言葉や写真を見つけて、じっと味わってみましょう。
何かインスピレーションが湧いてきたら、それは神様からのメッセージ。大切な気づきとなるでしょう。

今日のメッセージを 受け取る

心を鎮めてこの本を両手ではさみます。

↓

心の中で**「神様、どうか今日のメッセージをいただけますでしょうか？」**と唱えます。

↓

パッと本を開いたページに書かれている言葉が、あなたに必要な神様からのメッセージです。

問いかけへの ヒントをいただく

心の中にある問いかけ（たとえば「これから私は、どの方向に進めばいいのだろう？」など）**を、天に向かってつぶやきます。**

↓

この本をパッと、開きます。
そこに書かれている言葉や写真が、問いかけへのヒントとなるでしょう。

「さくいん」を見て 自分の気持ちに合った ところを読む

158 〜 159 ページの「さくいん」から、悔しい、疲れたなど、今の自分の気持ちを探し、そこに書かれているページの言葉や写真からメッセージを受け取りましょう。

この本の読み方

この本にある75のギフトワードは、
私が神様との会話から受け取った大切な言葉です。心で感じてみてください。
あなたの心を照らす光となってくれることでしょう。

写真 | photograph

神様からのメッセージを感じられる写真を選びました。私の撮った写真も数枚入っていますが、それらは自然の中に神様を感じた時のものです。視覚からもより深く理解していただけたらうれしいです。

パワーワード | power word

一瞬で神様のパワーを受け取れる、シンプルな言葉を英語にしました。気になるパワーワードを眺めたり、声に出したりすると、必要なパワーで満ちてくるでしょう。

ギフトワード | gift word

神様が教えてくれた、波動の高い言葉です。

メッセージ | message

神様が教えてくれるギフトワードは奥が深いものばかりです。そこで、ギフトワードの理解を助けるために解説してみました。気づきを深めるためにお役立てください。

はじめに

神様は、この過酷な地上に生まれてきてくれた勇敢なみなさんを、それは愛おしく、誇りに思い、いつでもできる限りの力を常に降り注いでくれています。私たちはそれをただ受け取れるよう、両手を広げておくだけでいいのです。

両手を広げるとは、好きなものを喜ぶこと、昨日より少しだけ難しいことをやってみること、できない自分を許すこと。

私が神様と会話を始めた一番最初に、神様がしてくれたこと。それは、私を許すことでした。できなくていい、間違っていい、そのままでいい。

それは今まで感じたことのない温かな、柔らかい波動でした。「許される」とは、これほどまでに素晴らしいパワーを持つということを心から実感し、物事を共感して受け止めれば、すべてをいい方向へ導き、〝奇跡〟を生み出すことにつながると教えてもらいました。

幸せのキーワードは〝自分を受け止め許すこと〟です。〝人間であること〟をそのまま喜んで欲しいと神様は思っています。

パーフェクトなんていらない、その不完全さから思いやりが生まれること、そのほころびから出る光の温かさ、それに気づいて欲しい。大いなる人生とは、「できないことがあるんだ」ということを笑顔で知る旅であり、できるようになったときに、それを〝誇り〟という輝きに変える奇跡の道程です。

心は、国境も常識も持たない大空、人生は真っ白いキャンバス。あなたの大好きな色を重ねて彩ってあげましょう。この人生に両手を広げて果敢に立ち向かった時、幸運という宇宙エネルギーが一気に降り注ぎ、あなたという主役をまだ見ぬ素晴らしい世界へ連れて行ってくれます。

今どんな問題に直面していようとも、いつか笑顔で振り返ることができる日が必ずきます。毎日がきれいなお花でいっぱいに満たされると感じる時が、必ずきます。自分の人生がよくなるということを、絶対に疑わないでください。

みなさんの今日、この時からが、温かい春の日差しで満たされますよう、心よりお祈り申し上げます。

日下　由紀恵

decision

迷ったら、どれを選んでも正解

未来は、何ひとつ決まっていることなどないまっさらなもの。どこに行きたいか、どんな色にしたいかは、自分で決めるもの。なぜなら、自分で決めたことにしか、魂は道を開かないから。

魂が道を開くと、そこにエネルギーが集中し、あなたの潜在能力もフル活動し始めます。

自分の人生を自分で決定する勇気を持ちましょう。人生に正解があるのではなく、自分で選び取ったものを正解にしていくのが、人生なのです。

counselor

本当はどうしたいの？
何がイヤなの？
自分の心に聞いてみる。
そこからすべてが
始まります。

「寒いのイヤだ」「貧乏イヤだ」「この仕事イヤだ」「この人イヤだ」。幸せのスタートは、心の中の小さな「イヤだ」に気づくこと。

あなたの心に生まれる感情は、この世でもっとも尊ばれるべきものだからです。生まれた感情にいい、悪いはありません。それこそが、ありのままのあなた自身。生まれた気持ちを封印することは、あなた自身を封じ込めてしまうのと同じこと。だから、何事もむやみに我慢してしまうと、とても苦しくなるのです。

何がイヤで、何がしたいのか、自分に聞いてあげましょう。感情に耳を傾けることは、人生をより高く飛ぶためのジャンプ台となり、あなたのステージを劇的に変化させてくれるのです。

自分は、自分をよく知っている一番のカウンセラー。あなたの気持ちをわかってあげられるのはあなただけ。自分の「イヤだ」を抱きしめてあげましょう。それがあなたの今生《こんじょう》、もっとも大事な使命です。

ability

一番下のやつが、一番能力がある。一番下のやつが、一番すごい。

パワハラ、恫喝《どうかつ》、権力争い。人は、自信がないほど高いところにのぼりたがり、自分を強く見せたがります。水が低いところへと流れ、臨機応変に形を変えるように、本物にとって高低や大小は意味のないこと。低いところにこそ、あなたを輝かせるダイヤモンドが眠っていて、そのことを知っているのが賢者です。

誰かの犠牲になっていたり、理不尽なことで責められたりして毎日を泣いて過ごしているのなら、あなたこそ本当の賢者。

一番下にいる人にこそ、誰よりも大きな幸せがめぐってくるのです。

chance

神様は
バツを与えない。
いつも
チャンスだけをくれる。

バツという概念を持っているのは人間だけで、私たちがどんなに間違ったことをしても、神様は決してバツを与えません。神様がくれるのはチャンスだけです。

私たちが間違いをおかすのは、無知だからでも、悪者だからでもありません。間違いをおかして初めて「しないほうがいいんだ」という「気づき」を得て成長するためです。人生とは、その「気づきブロック」を積み上げて、高い場所へ到達するためのもの。間違わずにパーフェクトに生きることが目的ではなく、間違いをおかすことでそこから何かを学ぶこと、神様はそれを望んでいます。

悪いことがばれるのは神様からのプレゼント。運が悪いからではなく、素晴らしい人生の転機を迎えるためのチャンスです。

気づいたなら「もう二度と同じことはしない」。それこそが悟りです。

acceptance

空も地球も、
大きいものは
小言を言わない。
絶対に
周りを変えようとしない。

人を変えるという不可能なことに、とてつもない時間を費やしていませんか？

私たちが変えられるもの。それは、自分自身の「思考」と「行動」だけ。自分が変わり始めた時に、周りの人が変わり始め、人生までもがまるでオセロの駒《こま》をひっくり返したように、劇的に変わるのです。

空や地球が人間のどんな都合にも何も言わないのは、耐えているからではなく、その力をはるかに超えているから。

小さなことにいがみ合ってエネルギーを費やすのではなく、大きな愛の気持ちにエネルギーを注ぎませんか？

Don't worry!

心配しないで！
無事に済んだ
今日の日を
喜んであげられたなら、
「すべてよし」
になるのです。

「明日がこなければいいのに」「眠ったまますべてが消えてしまえばいいのに」。一日の終わりに、また明日がくることへの心配や不安を抱いていませんか？

明日こそいい一日にしたければ、不安を捨てて眠りにつきましょう。眠る前の時間をどう過ごすかで、明日のために必要なエネルギーのチャージ効率が決まるからです。

いい睡眠がとれると、私たちの意識は宇宙と呼応し、朝起きた時に一日を生きるエネルギーとなって、あなたを助けてくれるでしょう。

だから、今日がどんな日だったとしても、明日を心配しなくて大丈夫。私たちは、今日一日を無事に過ごすことが目的。それができたなら、100点満点です！

眠る前に不安に襲われたら、「ありがとう」とつぶやきましょう。今日の日を喜んであげられたなら、明日は必ずいい一日になるでしょう。

all the same

みんなの共通点。
それは、
「人間の母から生まれた」
これが同じなら、
誰も似たり寄ったりで
変わらないのです。

才能のある人とない人、経済的に恵まれた人とそうでない人、地位のある人とない人……。一見不公平に見えるかもしれませんが、実はどんな人も、同じだけのエネルギーしか持っていません。

これができても、そっちは苦手。必ずみんなにそれがあるのです。〝できない〟とあきらめていたことがあれば、今日から〝できるかも！〟でスタートしてみましょう。

みんな人間の子。

人生は、「やりたい」と手を挙げた人がそれを手に入れる、ただそれだけなのです。

listen to

あなたの心の行きたい先を
聞いてあげられるのは、
あなただけ。

私たちがまず知るべきことは、生きている意味を考える前に、「今何がしたいか」ただそれだけ。それがわかれば、あとは魂がどんどん前へ上へと導いてくれます。

人生とは、魂と肉体が協力し合って進む二人三脚の道のり。宇宙とつながり、全情報を把握している魂に、あなたという肉体が行き先を指定し、一緒になって叶《かな》えていく旅なのです。

ところが、世間の常識や人の評価が気になって自分の心にフタをしてしまうと、魂はピンチに陥ります。行くべき目的地がわからなくなるからです。

道に迷った時は、「本当はどうしたいの？」と聞いてあげて。必ず答えが返ってきます。そのとき初めて閉塞感から解放されて、宇宙からの素晴らしいエネルギーを受け取る扉が開き始めるのです。

あなたの今の本当の気持ち、それこそが〝導きの光〟です。

人生とは、どうしてこうも過酷なのか……。

人生とは、四方八方から予想外の玉が容赦なく飛んでくる過酷なもの。けれど、それらはあなたを困らせようとしてやってくるのではありません。あなたにその玉の受け止め方を教えようとしてやってくる、神様からの直球なのです。

窮地に陥った時、生きる勇気を失くした時、「神様からの直球を受け止めてやる！」と顔をあげてみましょう。受け止めきれない時は、よけてもいいのです。

「今度はこうきたか！」と余裕を持って対応できるようになると、人生そのものがゲームのように遊びでいっぱいになることでしょう。

slowly

間違って、間違って、
失敗して、また間違って、
また失敗して、
そこでようやく
なんか違うなと思う。

人生とは、
そんなペースで進めばいいのです。

失敗したことを怒らなくて大丈夫。間違ったことを責めないであげましょう。自分にも他人にも。だって、好きで間違う人はいません。みんな一生懸命なのですから。

大事なことはいつも足元に落ちています。いっぱい転んでいいのです。人は転んで初めて何かをつかむのですから。人生は転ぶためにある、そして私たちは、転ぶのを楽しみに生まれてきているのです。

人生に失敗も間違いもありません。たくさん転べた人ほど、人よりも大事な何かをたくさん持っています。後悔することがたくさんある人ほど、柔らかい光で輝いています。

誰もがみな人生に、同じだけの重さと美しさのエネルギーを持って生まれてきています。だから、最初にゆっくりな人ほど、このあとは急勾《こう》配《ばい》の右肩上がり、華麗なる逆転ホームランが待っているのです。

夜明け前ほど冷え込みが厳しいように、苦しい時ほど、つらい時ほど夜明けは近いのです。

難問が次から次へと押し寄せるなら、それは浄化の最終段階。厳しい冷え込みのあとに夜明けがやってくるように、つらい時というのは大きなステージに移る、まさにその手前の時なのです。

特に、お金の問題が起こっているなら夜明けはすぐそこ。人生のすべての不安を引き起こすお金の問題をクリアにできたら、あとはすごいスピードで駆け上がるだけです。必ず夜明けはやってくる。神様が両手を広げて、あなたのゴールを待っています。

your best

大丈夫。
必ずよくなる！

あなたが精一杯生きるなら、
神様は必ず
あなたが
一番笑顔になれる
結果をくれるのです。

この世は私たちにとって初めての場所。見るもの聞くものすべてが新鮮である一方、不安の罠がいたるところに置かれている場所でもあります。そんなこの地上で私たちができることは、せいぜい1％。残りの99％は、宇宙エネルギーが為《な》してくれるものなのです。

では何が1％か？　それは、目の前のことに100％向き合うこと。結果ではなく、どれくらいそれを感じて向き合ったか。解決の糸口が見えない問題に、どれだけ涙を流したか。できない自分をどれほど追いつめてしまったか。そして、その中からどれほどの感謝に気づけたか。

それができたなら、もう大丈夫。反省も感謝もできている立派な証拠。1％の努力は終わっています。

あとは、あなたが一番笑顔になれる結果を神様からもらうだけ。「絶対よくなる」「絶対幸せになる」。その意志あるところに、必ず天からの光が差しこみます。

happiness

幸せは〝なるもの〟ではなく〝拾うもの〟。いくつ拾ったか、数えてみよう！

「なかなか幸せになれない」と思っているのなら、幸せの探し方を変えてみましょう。幸せとは、〝大きくて特別なもの〟〝誰もが手に入れられるわけではないもの〟ではなく、小石と小石の隙間に入るくらいのとても小さなもので、その辺に転がっているものです。

その小さな幸せをひとつ持っていると、それが別の小さな幸せとくっついて、雪の玉のように大きくなっていくのです。

最初からできている大きな幸せは、ちょっと怪しい。まずは、幸せ玉の芯となる小さな幸せを見つけていきましょう。

Don't panic

問題が起こったら、
まず、
〝落ち着け
落ち着け
落ち着け〟
これでちゃんと
解決します。

問題に直面してパニックに陥るのは、初めて経験する出来事だから。起こりくる諸問題に慌てて対処すると、余計なエネルギーがかかって、別の問題まで引っ張ってきてしまいます。

そんな時は、〝落ち着け、落ち着け、落ち着け〟。

混乱した時こそ、深呼吸をしてこの言葉を唱え、心を鎮めましょう。大問題が起こった時こそ、いったん考えることをやめてみましょう。

問題を解決するのは、私たちの知識や経験ではなく、無限の力を持つ宇宙エネルギー。「ああでもない、こうでもない、どうしよう」といった思考を止めて鎮まった心に、解決策やひらめき、助けの手を差し伸べてくれる人、資金など、すべてが運ばれてくるのです。

心が落ち着くのを待てば、問題は自然に解決へ向かうようになっているのです。

どの魂も、
自分を思いきり生きようと
ワクワクしています！

おなかの中であなたを感じた時、生まれてきてくれた時、お母さん、お父さんはとてもうれしかったのです。けれど、それ以上にあなた自身が誰よりもうれしかったのです。覚えていないかもしれないけれど、この地球に生まれてくることを何百年もずっと楽しみにしていたのです。

それはその前の人生（前世）でやり残したことがあったから。「大好き」と伝えたい、「ありがとう」と言いたい、自分の好きなことをしたい。魂は心からあふれるものを感じたくて、ワクワクしているのです。

人生に点数なんか必要ありません。あなたが自分を生きる時、神様は祝福の花束を贈るのです。

「おじいちゃん、
おばあちゃん、
助けて！」

困ったら、
守護霊様に
丸投げしちゃおう！

「嫉妬《しっと》深い性格をなんとかしたい」「すぐカッとなって、いつも人間関係がうまくいかない」。自分を好きになれないのは〝親のせい〟と思っている人も多いでしょう。

たしかに、私たちの考え方の基盤は両親によってつくられたもの。突き詰めていくと、あなたも、あなたの両親も、苦しみの原因の多くは、自分ならそれを乗り越えられると信じて、ご先祖様から受け継いだものなのです。だからこそ、天国のご先祖様は責任を痛感して、絶え間ない奮闘努力をしているのです。

「孫娘が悲しそうにしているのは全部わしのせいじゃ」。もうこれ以上かわいいあなたを泣かせないよう、ＳＰのごとくぴったりくっついて、何が何でもあなたを幸せにしてくれる、それがご先祖パワー。

困ったら、守護霊様として見守ってくれているご先祖様にお願いしましょう。「おじいちゃん、つらいよ〜。なんとかして！」。そのリクエストに、ご先祖様はさらに張り切ってくれるでしょう。

眠いのは、疲れているから。
動けないのは、
がんばりすぎたから。
眠くていいんだ。
動けなくていいんだ。
自然でいい。
ありのままが一番大事なんだ。

人生は、「体力」と「気力」の両輪で回るもの。体力はじっとしていれば回復しますが、気力はものを考えると消耗するので、眠っている時にしかチャージできません。何も考えていない睡眠の時間でチャージするのです。

もし、それほど体力を使っていないのに眠いのなら、誰かの顔色を伺《うかが》いながら生活していたり、不安をたくさん抱えていたりして、気力がバッテリー切れの状態。つまり、睡眠量が絶対的に足りない状態です。

疲れているのなら、眠いのなら、それはわがままでも気のせいでもなく、れっきとした宇宙からのメッセージ。

疲れたら寝よう！　夜はそのためにあるのです。

memories

「あぁ〜
あんなことあったなぁ〜」
と思い出して泣けたら、
それこそが
浄化なのです。

昔のことを思い出して、悲しくて、悔しくて、つらくて涙があふれてくる時、それは、過去のあなたの涙です。泣きたいのをずっと我慢して封印していた涙です。傷ついたあの時のあなたが、そのまま心の中に閉じ込められていたのです。

つらかった出来事を思い出してみましょう。

過去を思い出すということは、傷ついたあの時の自分とお話しをするということ。傷ついた自分が残されたままになっていると、気のめぐりがゆっくりになって、むくみやすくなったり、ダイエットがうまくいかなくなったりします。

つらい悲しい想いがよみがえってきたら、「つらかったね」「ずいぶん我慢してたね」と自分に声をかけてあげましょう。それだけで、過去のつらい気持ちは癒され、浄化していきます。

私たちはみな、自分が自分の悲しみに気づいてくれるのを待っています。

a person

魂は、この世でのお一人様をとても楽しんでいるのです。

私たちは、からだがなくなると光に戻ります。光の状態になると、誰でも人の気持ちがすべてわかってしまうので、相手の悲しみも怒りも感じてしまい、一時《いっとき》も一人でいられる時間がありません。だから、「人間」という型に入ります。すると、自分のことしかわからなくなるので、「一人になれた！」という喜びとともに生まれてくるのです。

つまり、人生の目的のひとつは、〝一人でいる時を楽しめること、一人でいる時を喜べること〟。彼氏がいない、友達がいない、パートナーが欲しい……。そんな寂しさや不安を、気楽さや自由に置き換えられるようになる時、あなたは大きな成長を遂げるのです。

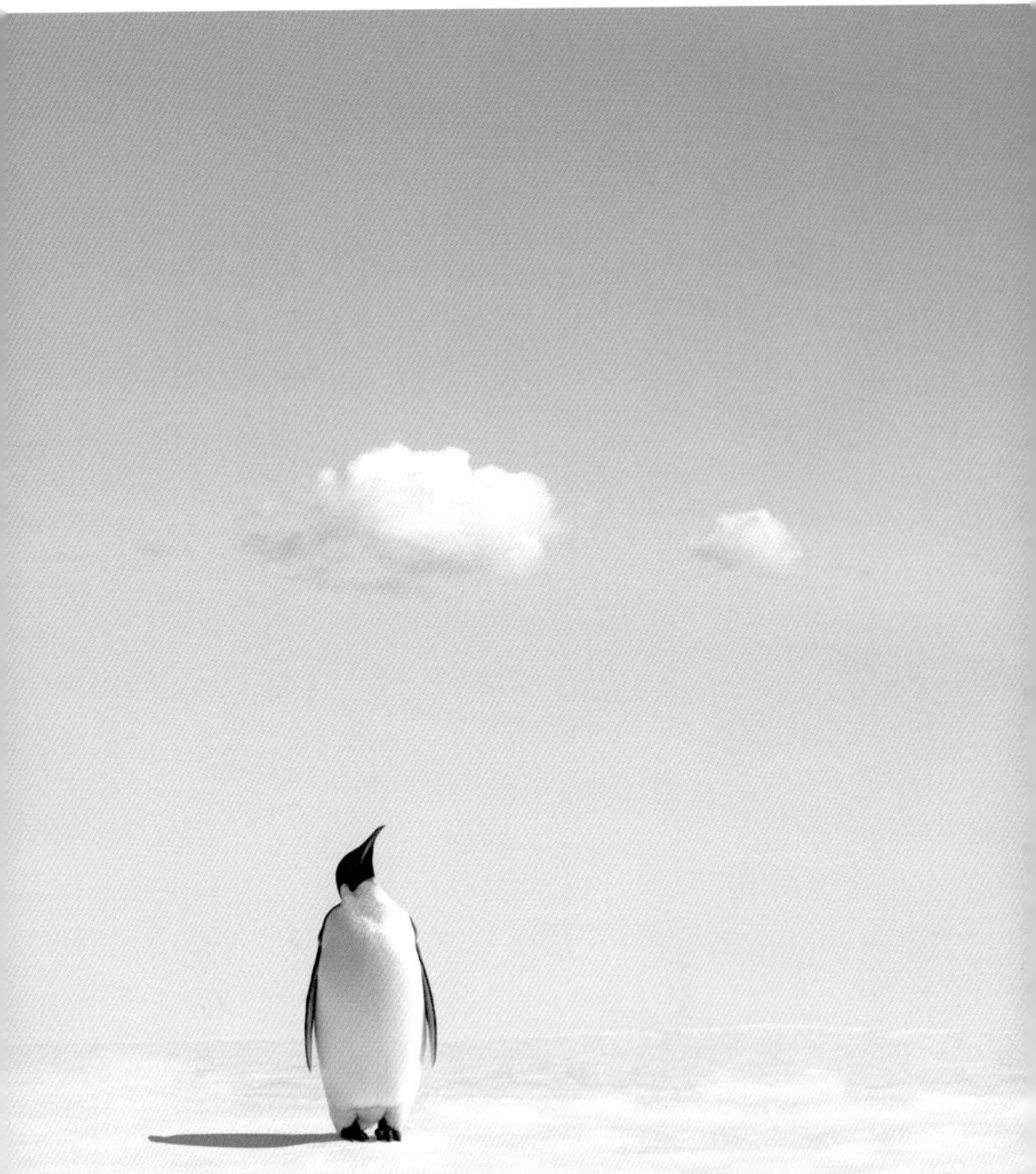

messenger of god

真っ暗闇《くらやみ》の中にあっても
神のごとく現れ、
強く温かく
支えてくれる人がいます。
どんな悲惨な状況下でも、
なぜか自分を救ってくれる人が
必ず一人はいるものです。

あなたのそばに優しい人はいますか？　いつも気にかけてくれる人、会うと元気をもらえる人はいますか？　彼らはみな、あなたにとっての光です。あなたを助けにきてくれた神様からのお使いです。

この地球は、人間がたった一人で生きられるところではありません。神様は、どんなピンチの時も救えるように、私たちにぴったりくっついて守ってくれています。八方ふさがりな状況でも、どこにも光が見えなくても。あなたを助けるその人はいつの間にかそばにいて、まるで何もかも知っているかのように何も聞かずに温めてくれます。「もう大丈夫だよ、がんばったね」とあなたに言いにきたのです。

そんな人に出会えた時、神様とのつながりを感じるでしょう。大切なその人は、前世でもあなたを温かく包んでくれたソウルメイトです。人生を果敢に生きるあなたへの、神様からの大きなエールなのです。

thanks

「ありがとう」
は、神様がくれた
幸せになるための魔法の言葉。
一日に言う回数が多いほど、
幸せは早くやってきます。

「ありがとう」と人に伝える時、私たちの心には温かい気持ちがあふれるようになっています。よい言葉はよい波動を持ちますが、特に「ありがとう」は、最高級の波動を持つ言葉です。

欲しかったものをもらった時、声をかけてもらえた時、大切にされたと感じた時、人は安心感をもらいます。その安心感に包まれた中で発する「ありがとう」こそ、最高級の波動を生み出し、宇宙エネルギーを取り込む状態をつくるのです。

「ありがとう」は願いを叶えるマジックワード。一日に言う回数が多いほど、幸せのステージに近づきます。

support

「その涙がぬぐえる時まで、ちゃんと守るからね」

泣いている人のそばには、必ず神様がいます。

ふりかかる問題で、あなたを困らせるため、悲しませるためにくるものは、ひとつもありません。すべての問題は、あなたの心をがんじがらめにしている紐《ひも》をほどくために、神様がくれるプレゼントです。

どんな困難も、あなたの幸せや成長のレベルに合ったものだけがやってきます。ちゃんと解決できるものであり、一番欲しかった結果を落としてくれるのです。苦しみの中でさまよっている時も、神様はそばにいて静かに見守ってくれています。

不思議な偶然も、タイムリーなひらめきも、すべては神様からのサポート。涙を出し切った時、それがトンネルの出口です。

神様は、過酷な人生に勇気を持って生まれてきてくれたあなたをとても誇りに思っています。そして最後の最後まで付き添って、笑顔になるまで見守っていてくれるのです。

SOS

怖がりだから攻撃してくる。それは、誰よりも一番優しいあなたへのSOSにすぎません。

責める人、怒鳴る人は、みんな何かに怯《おび》えています。自分に自信がない、人には見せたくない何かを抱えている、その苦しみをわかってくれるのがあなただから、みんなあなたにだけは心の涙を見せにくるのです。

攻撃は、〝大好き〟と〝期待の心〟のねじれた表現。どんな言葉であっても、それはれっきとしたリスペクトであり、「そばにいて」というSOSの叫びなのです。

release

「まっ、いいか」
と思えた時、
別世界が見えてきます。

「神様」は地上や宇宙の全情報を把握している巨大コントロールセンターのセンター長のようなもの。私たちに「今何をすべきか」、今後の指針をリアルタイムに教えてくれています。

神様と私たちをつなぐパイプは、必要以上に緊張したり、制限をかけたりすると一気に細くなってしまいます。宇宙には「こうしなければいけない」も「こうすべき」もありません。

あるのは「私はこうしたい」だけ。「〜ねばならない」の紐はパイプを細く締め付けて、エネルギーが入ってくるのを邪魔します。

そんな時は、「まっ、いいか」の呪文で、その紐から自分を解き放ってあげましょう。「まっ、いいか」「なんとかなるさ」「たいしたことじゃない」「よくあることだ」。縛りをほどくこれらのひと言は、あなたを解放して、ゆったりとした宇宙エネルギーの流れに乗せてくれます。

苦しんだ人にしか見えない景色があって、それが一番きれいなのです。

私たちは物事がスムーズに進む時、注意力を失います。うまくいく時は、目に見えるものだけで事は進み、自然の癒しや人の優しさを必要としなくなるからです。

一方、人生に負荷がかかると慎重になり、初めて「なぜだろう？」と考えます。傷ついた心は受け止めてくれる柔らかさを求めるからです。つまずいた時、背負った荷物が重くなった時に、私たちは初めて人生の奥に隠されている、生きるための大切な真理に気づくのです。

shine of aura

邪気は、
反省や感謝ができる人には
決して
近寄れないのです。

ポジティブ思考がいいとはわかっていても、なかなかできない。我慢しようとしても、どうしても怒りを抑えられない。

それはあなたが悪いのではありません。邪気のせいです。邪気は疲れた人に寄ってきて、私たちを下へ下へと引き下げようとします。人を批判してしまう、怒りがあふれ出る、イライラが止まらない。3つのネガティブが続いたら、それは邪気の仕業。追い払ってしまいましょう。

邪気の好きなもの＝人生をあきらめること、人と比べて落ち込むこと、自分を嫌うこと、仲間外れなど。

邪気の苦手なもの＝反省、感謝、挨拶、笑顔、楽しい、愛など。

邪気の苦手な感情や行動は、高い周波数を持ち、魔除けの光となってあなたをすべての邪悪から守ってくれるでしょう。

素敵で賢いあなたが邪気にコントロールされるなんて、もったいない！　幸せは、コツをつかめばあっという間に集まってくるのです。

せっかく生まれてきたんだから、好きなこと、やろうよ！

私たちは誰でも、好きなことをして楽しみながら、経済的にも精神的にも豊かに生活を送ることができる機能を、すべて備えて生まれてきています。だから、この過酷な地上で生きることができるのです。

でも現実は、ついリスクばかりを考えて、何もできなくなってしまうことの連続だったりしませんか？

そんな心配はいりません。だって、リスクも恥も、あなたの「大好き！」の気持ちには叶《かな》わないのですから。好きなことをしている時の笑顔が、あなたの人生を明るく照らすのです。

self-affirmation

自分のしていることを
否定しない。
家があること、眠れること、
小さなことに安心する。
それだけで
宇宙エネルギーが注がれて、
すべてがどんどん
うまく回り出します。

自分を疑い否定してしまう時は、「自信＝自分自身」がなくなっている時。自分自身がいなくなってしまうと、運転手のいない車のように、私たちはたちまち軸を失い、大きくぶれ始めます。こういう時、邪気は自分不在の隙間に入り込んで、ネガティブなことを考えさせるようになります。邪気が離れていくように、自分を取り戻しましょう。

自分を取り戻すには、安心を感じること。「雨風をしのげる家があってよかった」「温かい布団で眠れるなんてうれしい」。人は安心を感じることで、自分のすべてを肯定できるようになります。

安心の波動は、宇宙エネルギーと共振し、潜在能力の扉を開けるのです。その結果、実力以上の力が引き出されたり、あなたが優位になるように物事が回り出したりと、環境の調整が始まります。よいことが加速度的に起こり出す〝まさかの奇跡の源〟、それが安心波動なのです。

moment

未来の不安をどうするか……。その前に、まず、目の前のコーヒーを飲んじゃいましょう。

明日のことなんて考えなくていい。

狼《おおかみ》も羊も、明日のことなんか考えていません。人間だけが未来の不安にとらわれているのです。

明日という日は、人間の英知をはるかに超えたエネルギーを持ってやってきます。だから、今を楽しみましょう。今を感じましょう。

目の前のコーヒーは、それを教えてくれているのかもしれません。

colorful

人生は
真っ白いキャンバス。
あなたの大好きな色で
彩ってあげて！

生まれた時に神様から渡されるのは、真っ白いキャンバスと絵の具。

好きな絵を描《えが》いたら現実として現れる、それが私たちの人生です。


時には、暗い色で埋め尽くされそうになることもあるけれど、その上に美しい色を重ねたなら、その時からいくらでもすべてを変えていけるのです。キャンバスにのせた色や描いたものは、あなたの毎日にそのまま現れてきます。

人生とは、私たちが考えるよりとてもシンプルにできているのです。


なりたいもの、叶えたい夢に遠慮はいりません。頭や心を大好きなもので埋め尽くしてください。

人生はあなたに最高の喜びを授けるためにあるのです！

たまには、雲のように流される時も必要です。

追い風も向かい風もあなたを幸せな場所へ運ぶために必要な風です。苦しみを感じるのは、自然な流れを止めようとしたり、流れそのものを変えようとしたりするから。私たちは、風を吹かせて導いてくれる神様のおかげで、物事を成し遂げることができるのです。

吹く風は〝福風〟。風に吹かれるだけの軽さが、成功や幸せには必須です。あの人の毒舌も、一人ぼっちの寂しさも、あなたを幸せな場所へ連れて行ってくれる福の神。自然の流れに抵抗している自分を感じたら、「流されていい」と自分を許してみましょう。

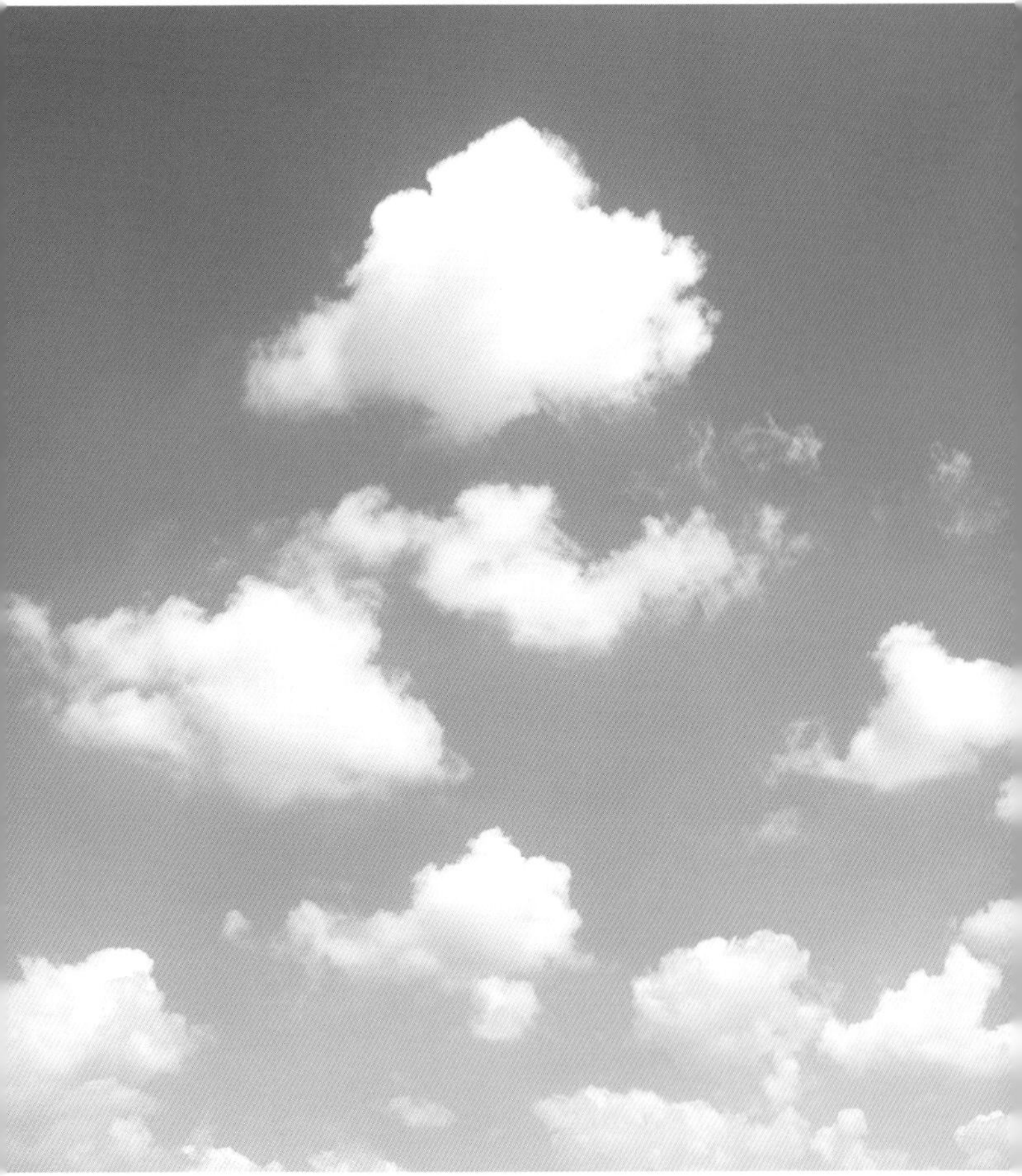

その言葉は
相手を温めるか、
冷やし固めるか、
考えてみる。

使っているあなたが
温かくなったか、
考えてみる。

言葉とはすべて、神様が私たちにくれた奇跡を起こす魔法の呪文。感情をコントロールするため、不安を克服するために授けてくれました。

言葉はひとつひとつ独自のエネルギーを持っています。相手の心を思いやって励ます言葉、勇気を与える言葉は、あなたと相手を同時に温め、宇宙エネルギーと強く共振します。不安の霧を一気に晴らし、力強い振動で美しいオーラをつくりあげるのです。

一方、嫌味や恫喝《どうかつ》、暴言は相手を固く緊張させてしまいます。同時に、その言葉を言った本人のオーラも固く閉ざされ、宇宙エネルギーの循環を停滞させてしまうのです。

あなたの使う言葉はあなた自身です。あなたの人生そのものです。相手を傷つける武器にするか、心のこもったプレゼントにするか、言葉の選び方ひとつで、私たちは将来を大きく変えていけるのです。

god's whisper

鳥の声が聞こえたら、「心配ないよ！」のサインです。

鳥のさえずりには、私たちを安心させて、宇宙エネルギーを受け取りやすくしてくれる高い波動が含まれています。だから、朝、ふと聞こえる鳥の声は、すべて魔除けのメッセージ。「今日も一日守られますように！」。鳥たちがあなたに結界を張ってくれているのです。

また、つらい時になぜか聞こえる鳥の声も、神様からのメッセージです。「大丈夫だよ。ちゃんと守ってるよ。そのまま進んでいいんだよ！」とささやきかけてくれています。

鳥の声が聞こえたら、迷わず笑顔で「ありがとう」と言ってみましょう。より結界の力が高まります。

reward

たとえ
会社のボーナスはなくても、
人生のボーナスは
あとでまとめて
ドン！　とやってきます。

フリーター、パート、自営業……。ボーナスと縁がないと、人生損をしているような気になってしまいます。でも、心配しないで！

一人一人が一生に受け取るエネルギーは、すべての人に平等に定められているのです。もし今、自分が恵まれていないと思うなら、その分宇宙に貯金をしているということ、このあと、それがいっぺんに流れ込んでくるということです。

あとか先か、受け取るタイミングが違うだけ。私たちがすべきはそのエネルギーのめぐりを受け止める準備をしておくこと、お金が入ってくる扉を閉じないこと。「私には無理」と思わずに、「いつか必ずくる！」と喜んで待っていると、お金だけでなく、奇跡的な出会いやうれしいチャンスなど、プライスレスなものもどんどん舞い込んできます。

生まれた家もルックスも、何ひとつ関係ありません。この世に生まれてきた以上、幸福もお金も、誰にでも同じだけめぐってくると信じた時から、エネルギーの流れが自分に向いてくるのです。

〝咲く〟ことに不十分だと、〝散る〟ことを恐れる気持ちが出てきます。

花は大きく開く時、今この時に集中し、一生分のエネルギーを使って渾身《こんしん》の力で咲き切ります。過去に対する後悔も未来への不安も感じることなく咲き切るから、美しいのです。

人間も花と同じです。けれども、私たちの多くは死を恐れます。それは、死んだあと、どうなるかわからないから。見えない未来を心配したり、終わった過去を後悔したりすると、不安が生まれ、今を生きられなくなるのです。私たちが触れることができるのは今だけ。実体のない場所にワープするのは、もう終わりにしましょう。

forgiveness

あなたは
ちっとも悪くないよ。

幼い時に、誰かに感情的に怒られたり、一生懸命がんばっているのになかなかほめてもらえなかったり、わけもなく責められたりすると、私たちは自分の存在価値を認められなくなってしまいます。

すると、自尊心という心の輝きに覆いをして、自分をしまい込むようになり、何かが起こるたび、すべて自分に非があるのではないかと、無意識に自分を責めるようになってしまいます。

それを見ている魂は、幼い時に感じた不快な気持ちが湧きあがるような理不尽な事件をわざと起こして、「そうじゃないんだよ」と気づかせようとします。いつも同じような出来事が繰り返される背景には、そんなメッセージがあるのです。

こんなに一生懸命がんばっているあなたは、何も悪くありません。自分を責めてしまうその力を、今日からは誰かの笑顔のために使いましょう。そのためにも、まず、あなたが笑顔になりますように。魂はいつもそばで応援しています。

leave

「どうしてもイヤだ!!」
と思うなら、離れていいのです。
あなたが不幸になってしまうことを、
神様はちっとも望んでいないのです。
宇宙には、
「みんな仲良くしなきゃいけない」なんて、
そんな決まりはないのです。

「嫌っちゃいけない」「悪口を言ってはいけない」。そんな優しさに縛られて、身動きできなくなっていませんか？

「世の中には、なんてイヤなやつがいっぱいいるんだろう……」。あなたがそう感じたなら、それは紛れもない〝真実〟。心に生まれた真実を感じてあげるところから、幸せの扉が開き始めます。

神様は「仲良くしなさい」と言っているのではありません。

「自分の気持ちをわかってあげられるのは、あなたしかいない。もう一人で泣かないで。あなたが笑顔になれるなら、イヤな人からは離れていいんだよ」。神様はあなたのそばで、そう言っているのです。

resonance

今していることを
ただ喜んであげるだけで、
宇宙エネルギーは
うまく回り出します。

〝類は友を呼ぶ〟というように、気の合う仲間は楽しくて心地いいもの。集まることでフィールドパワーが生まれます。私たちにはみな独自の振動があって、似た振動を持っている人と共振し、一緒にいることに心地よさを感じるようになっているのです。

だから、幸せの持つ波動をつくりましょう。幸せの持つ波動とは、「安心」と「集中」です。私たちは自分の好きなことをしてリラックスしている時、何かに集中している時、とても高い波動を出してすべての笑顔を引き寄せるパワーを発揮できるのです。

食べること、眠ること。つらい状況の今こそ、目の前のことに集中しましょう。それがあなたに幸せを呼び込むベースをつくってくれます。「安心」と「集中」。それだけで、いつでも幸せのテリトリーへ入って行けるのです。

teardrops

激しい夕立のあとほど美しい虹がかかるように、大粒の涙を流したあとほど美しい女神になれるのです。

涙は、心にたまった不要なものをデトックスするために神様がくれたもの。大粒の涙があふれてきたら、それは次のステージに移る時だと教えてくれている、神様の微笑みなのです。

激しい夕立のあとほど大きく美しい虹がかかるように、人生で深い悲しみを経験するほど、涙があなたを美しく変えていきます。人は悲しみを知って初めて優しくなれる。涙がたくさんあふれるたびに、誰よりも美しい女神になれるのです。

winner's method

やるべきことをやったら、
あとは天にお任せ！
ベストタイミングで
天使が降りてくるのを
待ちましょう！

人生には、幸せの成功曲線があります。それは、一定期間、ただひたすら地上と平行に進みますが、ある時、突然、右斜め上45度の角度で上昇を始めます。

どれだけ努力をしても形にならない、評価されない、と落ち込むこともあるかもしれません。けれど、これは努力が報われていないわけではなく、水面下で着々と準備が進められている時間。この沈黙の期間を楽しんで待てた人から、永遠の右斜め上45度の上昇気流が現れます。

だから、それが現れる前に「夢が叶うわけがない」「才能がないんだ」と進むことをやめないで。自分にできるすべてのことをやり終えたなら、あとは神様が整えてくれた万全のタイミングを待ちましょう。

待ちの時間が〝質〟を育て、〝完成度〟を上げるのです。

positioning

見る位置を変えると、
それが宝物だと
気づくことができる。
宝物に見えなかったら、
見えるところまで動いてみる。
それを見つける能力を、
あなたはちゃんと持っている。

私たちが「いいもの、悪いもの」と判断するのは、過去の経験によるものだったり、地上の常識だったりと、そのほとんどが偏見によって決められています。
すべては神様からのプレゼント。いいものだという仮定で物事を見てみると、不思議とそれがいいものに変わります。
だから、見る位置を変えてみましょう。弱者の立場に立つ、解決策は必ずあるという前提に立つ、自分に必要だから起こっているととらえる……。
こうして、何ひとつ自分を困らせるために起こっていることはない、ととらえることで、すべてを味方に変えるエネルギーが働き出すのです。

energy of love

些細《ささい》なことに心を配るのが「心配」、
大切なことに心を配るのが「愛」。
心配は何も変えないけれど、
愛は必ず何かを変える。
「心配」と「愛」、
どっちもたくさんの
エネルギーを使うのなら、
せっかくだから、「愛」のほうに。

物体を動かすためにエネルギーが必要なように、私たちの感情が生まれる時もエネルギーを必要とします。

「あの人は、私のことをどう思ってるんだろう」「仕事がなくなるんじゃないか」。答えのわからない何かを考え、心配や不安になる時、膨大なエネルギーが消耗されます。深刻な場合は、物事を好転させる宇宙エネルギーとのつながりをも断ち切ってしまうのです。

一方、愛を持つのにもエネルギーを使います。欲求や感情を抑え、相手の立場に想いを馳《は》せて自我を無にするには、大量のエネルギーが必要です。しかし、愛は魂の成長をもたらし、相手や自分の未来を信頼、尊敬するよい波動をつくります。

だから、心配に使うエネルギーを、「信じて応援すること」に使ってみませんか？　愛はすべてのよいものと呼応し、どんな邪悪もはねのける強い力を発揮してくれるのです。

泣くことを怖がらないで。
10年後のあなたが
「大丈夫だよ。
今、こんなに幸せだよ」
って言っているから。

10年後、どうなっていたいですか？
今浮かんだ未来のイメージは、必ず実現します。実現しないことは頭に浮かばないようになっているからです。10年後は恐ろしいものではなく、たくさんの幸せでいっぱいの素晴らしい場所になっています。
だから、心配しなくて大丈夫！

ほら、とても美しく年を重ねた10年後のあなたが、すぐ目の前に微笑んで立っているのが見えますか？
「大丈夫だよ。今こんなに幸せだよ。ゆっくりおいでね」。そう言いながら、満面の笑みで待ってくれています。

with love

「優しくする」とは、
自分がこうされたらうれしいな、
と思うことをしてあげること、
言ってあげること。
怒鳴ったり、脅したり、
イヤミを言ったりする代わりに、
徹底的に優しくしてみると、
世界がガラリと音を立てて
変わっていくのがわかります。

悩む時というのは、たいてい人間関係がうまくいかない時。夫が、子どもが、親が、上司が、同僚が……、どうしてこうもイライラすることばかり言うのだろう、と相手を変えたいと思っている時です。でも、私たちは相手を無理やり変えることはできません。

だったら、いっそすべての人に思いっきり優しくしてみましょう。こんな時、自分だったら何と言われたら笑顔になれるか、安心するか、自分と相手を逆転させて考えてみるのです。

そうすると、不思議なことに、今まで自分に背を向けていた人、怒鳴っていた人たちがウソのようにいなくなります。その代りに、自分の周りは優しい人たちだけで満たされていることに気づくでしょう。

人はみな、自分を映す神様の鏡なのです。

「亡くなると星になる」は
本当です。
寂しくなったら
空を見上げてみると、
亡くなった愛する人たちを
すぐそばに感じられるかも
しれません。

私たちは光の集まりです。光の上に人の形が乗っています。肉体がなくなると光の集まりに戻り、地上よりも宇宙のほうが生きるのにふさわしい場所となります。

つらくなると「死んでしまいたいな」と思いますが、それを光の世界の言葉に翻訳すると「宇宙に帰りたいな」です。

宇宙に帰ることとは、住み慣れた故郷に帰ること。亡くなった愛する人も、みなそこに住んでいます。

孤独を感じたり、悲しみにくれた時は、星空を見上げてみましょう。先に星になったあの人が、「ここにいるよ。見守っているよ」と、あなたに笑顔を向けてくれていることを感じられるはずです。

in your hands

わらしべ長者が
取り替えるものに
文句をつけていたら、
お金持ちにはなれなかったでしょう。
あれがいい、
これじゃイヤだと望む前に、
今できていること、
今持っているものに感謝してみる。
それがたとえ「わら一本」でも。

人生とは、段階を踏んでステップアップしていくもの。学校の勉強と同じで、徐々に問題の難易度も上がります。できることが増えてきて、浄化も進み、次の段階へ進むためのちょっと忙しい時期がきます。この時に「悩み」を感じるようになっています。

次のステージへスムーズに進むためのコツ、それは「今に感謝する」こと。うるさい人たち、少ない収入、思うとおりにならない毎日……。そんな負の要素にとらわれるのではなく、今あるものに価値を見出し、お礼を言いましょう。それができると、いよいよ望んでいた憧れの段階に上がれます。

自分のところにくるものは、すべてこのあとにくる幸せにあふれた輝かしいステージに移るための貴重なプレミアチケット。すべてを喜んで受け取りましょう。

幸せは、自分はいつも貧乏くじを引いていると思うような出来事から始まります。そして、それが正解なのです。

あなたのことが、大好きだよ。あなたが私のことを好きでいてくれるのと同じように。

相手がどのくらい自分のことを想ってくれているか。それは絶対にわからないようにできています。私たちにわかるのは、自分の気持ちだけ。もう相手の心をあれこれ考えるのは終わりにして、こんなにも素敵な愛おしい人がそばにいるという奇跡に感謝しましょう。その波動はよいエネルギーとなって、必ずあなたの大切な人を笑顔にします。

大切な人を笑顔にできた自分を誇りに思いましょう。あなたを気高くしてくれた相手に心から感謝できるでしょう。その時、相手があなたを大切に想っている波動が伝わってくるはずです。

掃除をしないからといって、
運は下がったりしません。
運を下げるのは、
〝できない自分を責めること〟
です。

家はあなたを守る世界最高のパワースポット。
豪邸でも、トタン屋根の家であっても、そこに宿るエネルギーは唯一あなたと共振し、どこよりもリラックスさせて宇宙とのつながりをつくってくれる場所です。

家はあなたを守るために天から授けられた忠実な使者。だから、どんなに汚されても散らかっても気にしません。疲れている時は、片づけも掃除もできないようにさせて、徹底的にあなたを守ります。
運を下げるのは「これではいけない！」と自分を否定し、どこまでも責める気持ちです。

掃除の神様はもうすぐ降りてきます。「その時までちょっと待っててね」とほかのことを優先させてもらいましょう。「大丈夫だよ！　待ってるよ！」と、家が微笑んでいることを感じられるでしょう。

nature

風、雨、土……。すべてに心があります。

　自然を感じる時は、神様とつながっている時です。天気は〝天の気〟。いつも私たちと一緒にいて、大事なことを教えてくれる神様からのお使いです。水も食べ物もすべて自然があってこその恵みであり、かわいい雲の形、夕焼け空の美しさ、雲間から現れる一筋の光も、何ひとつ偶然ではありません。人生を恐れず進めるよう励まし、常にサポートしてくれる神様の愛の表現です。

　だから、「きれいだな」「いい香りだな」とその存在を感じられたなら、すべての自然があなたに味方するよう動き出すのです。

the very first time

結婚も、子育ても、
介護も、離婚も、
生きるのも、死ぬのも、
今生《こんじょう》ではみんな初めての経験。
それは、霧の中を支えなしで
進むようなもの。
間違って、悩んで、
当たり前なのです。

神様はこう言いました。「人生が何のストレスもなく進むと、人間の寿命は200歳くらいになる」

私たちはそれを基本に生まれてきているので、100歳でもまだ人生の半分。30、40、50歳なんて、ほんのひよっこです。

人生に起こるさまざまな出来事は、そんなひよっこ時代に経験することばかり。ましてや、すべてが初めての体験。真っ白な霧の中を手探りで歩く、そんな状態です。だから、完璧で「なんでもできる人生」などありえない。できなかったことができるようになった時に感じる喜び、それこそが人生における幸せなのです。

もし今、「できない」「失敗ばかり」と言って落ち込んでいるのなら、あなたの未来は幸せの宝庫なのです！

tears of happiness

大切な人にハンカチを贈る時は、
「そのハンカチで
いっぱい、いっぱい
うれし涙を拭《ふ》いてね」
と言って手渡しましょう。
すると、たくさんのうれしいことが、
あなたにも
その人にもやってきます。

涙は心のアクを排出してくれる、人生の浄化に欠かせないもの。

悲しい時、悔しい時などに涙があふれてくるのは、不要なものが排出され、宇宙からの莫大なエネルギーが降り注いでいる時です。人生が大きく変わる時は、泣くことでエネルギーの総交換をするようになっているのです。

そんな涙をぬぐうハンカチは、大浄化をサポートし、悲しみの感情を優しく受け止めてくれる神様。だから、大切な人にはハンカチという神様を贈りましょう。

たくさんのうれし涙を流す人生が訪れますように。そう心を込めて、相手のためにハンカチを選ぶあなたにも、うれしい奇跡が起こります。

believing

〝信じる〟
それは、
この世で一番難しい〝技〟。
けれど、
この世で一番
光り輝く結果をくれる〝鍵〟。

心配になることが起こった時は、試されています。信じる技を覚える試練です。信じる技とは、目に見えないものを信じ、「大丈夫！」と思える気持ち。そう思えた時、自分に強いエネルギーが集まります。

私たち人間は、どんな人もすべて一緒で、力の差はありません。あるのは自分の力を信じ実行したか、自分の力を信じられず何もしなかったか、ただそれだけです。

「お姑《しゅうとめ》さんも本当は私と仲良くしたいんだ」「彼から連絡がないのは忙しいだけなんだ」。証拠はないけれど、人の心の中に必ず存在する純粋な気持ちを見つめましょう。

信じる力がどれほどすごいか。それは、海を割って道を開く力を持つ、モーセの杖と同じです。

不安に押しつぶされそうになったら、「大丈夫だよ」と声に出してみましょう。鏡が太陽の光を集めるように、あなたの〝信じる〟に万のエネルギーが集まって、力があふれ出してくることでしょう。

keep a cool head

どんな嵐の大海原《おおうなばら》でも、必ずあなたに味方する凪《なぎ》はきます。

嵐に翻弄《ほんろう》されコントロール不能になった船の上では、パニックになればなるほど危険な状態に陥ります。あなたの人生という心の船もそれと一緒。不安や焦りは強い邪気を引き寄せ、邪気はあなたがパニックになってさらに混乱するのを、手ぐすね引いて待っているのです。

そんな時、あなたがすべきことはただひとつ。自分を冷静に戻すこと。冷静になった時、宇宙とつながるパイプが大きく開き、一番望んでいた結果が具現化するのです。

大丈夫、問題は解決します。それが宇宙と私たちの関係なのです。

money energy

お金が必要なら
幸せ者のふりをしましょう。
「うれしい」
「楽しい」
「大好き」
「ありがとう」
これらの言葉を発し続けていると、
お金が舞い込んでくるように
なります。

お金は視覚化された高波動エネルギー。波動のいい人のところへ、自然と集まるようになっています。お金を呼び込むために自分の波動を上げておきましょう。そして「お金をたくさん稼ぐんだ！」という意志を宣言しましょう。それだけで、お金の問題は自然と解決し、不思議なほどお金がめぐってくるようになるものです。

自分の波動をよくするには、よい言葉だけを意識して使うこと。もともと高い波動を持っている前向きな言葉は、たとえ気持ちがこもらなくても、発するだけでいいエネルギーを集めてくれます。

なかでも、「うれしい」「楽しい」「大好き」「ありがとう」はお金が大好きな言葉。非常に高い波動を持つこれらの言葉は、宇宙エネルギーと共振し、お金を生み出すさまざまなアイデアや働く意欲を、ふんだんに落としてくれるのです。

今日からいい言葉だけを口にしましょう。言葉が起爆剤となり、お金がどんどん舞い込むようになってきます。

take a break

たまには放り投げて！あとで回収すればいいだけ。

問題を抱え込んで行き詰まった時は、「どうにでもなれ〜！」といっそすべてを放り投げてしまいましょう。すると、あなたと問題の間に隙間ができて、気がめぐり出します。次から次へと押し寄せる仕事、終わらないご近所問題、面倒くさい家族関係も、出口が見えないと思ったら、「こんな人生に生まれてきたかったわけじゃな〜い！」と開き直って手放してしまいましょう。

投げ散らかしたものは、少し休んでエネルギーが補充されたころに、また回収しに行けばいいだけです。あなたと問題の間に距離を取ると、問題は勝手に解決し始めるようになるのです。

会えない大好きな人がいるのなら、
頭の中でそばに寄り添って
抱きしめてあげましょう。
誰かに傷つけられて
悔しい思いをしていたら、
頭の中でこてんぱんに
やっつけてしまいましょう。
人間だけに与えられた
〝想像〟という知性を使って。

私たちは、未来の不安をどこまでもふくらませてしまえると同時に、将来の夢を想像して喜ぶこともできます。想像力と言葉があれば、起こりくる不安を打ち消し、動き出すためのエネルギーやモチベーションを変えていくことができるのです。これを大いに利用しましょう。

会いたくても会えない人には、時がくれば必ず会えるようになっています。幸せな再会をイメージすると、安心波動が生まれ、再会が一番いい形で実現します。

理不尽な理由であなたを責める人たちがいるのなら、頭の中で思う存分やっつけてしまいましょう。たまっていた不要物がどんどん浄化されて、負の感情を超えたあなたが生まれます。

想像力は知性です。それがどんな内容であっても。人間がつらい時を乗り切れるように、神様がくださった最高の知恵なのです。

miracle

自分には
考えている以上の力がある。
なぜなら、
私たち自身が
存在していること自体が
すでに奇跡であり、
神秘だからです。

どんな問題も果てしない夢も、解決・実現できる機能が私たちにはきちんと備わっています。それは私たち一人一人が宇宙というと無限のパワーとつながるパイプを持っているから。

宇宙は、人間の想像では説明できない奇跡に満ちていて、アイデア、実現させる力、伝播《でんぱ》させる力などのすべてはそこからやってきます。その宇宙とつながっているのですから、すでに私たちの存在そのものが奇跡なのです。

「自分には無限の力がある」。それを前提とするだけで、いとも簡単に日常に奇跡が起こるようになるのです。

恋は自分の利益を、
愛はみんなの笑顔を求めます。
どちらも
人生を楽しむために、
神様がくれたものです。

恋は不安定な状況を楽しむもの、愛は安定したエネルギーを持つ不変のもの。恋愛とは不安定な感情を揺るぎないものに変えていく作業です。恋を楽しみ、結婚して子どもができた途端、ラブラブだった関係が家族に変わってしまったのなら、それは愛情の安定を示すものです。恋を経て愛を獲得していくのです。

大好きな人はいますか？
自慢したくなるような理想の人と出会ったことはありますか？
素敵な人と出会った時の感激は、生まれてきてよかったと思える貴重な瞬間。神様がいることを、心から信じられるものです。

目の前にいる人を思いっきり愛しましょう。心の限り、あふれる想いを伝えましょう。思いつく限りの言葉で、両腕で、力いっぱい抱きしめましょう。恋愛は、地上で経験するかけがいのない奇跡です。

carrier

靴墨《くつずみ》をつけて磨かなくても、
ティッシュでさっと
拭いてあげるだけで、
靴は、
それはそれは喜んでいます。
あなたをさらに上のステージに、
連れて行ってくれるでしょう。

人間だから心があるのではなくて、物にも私たちと同じ喜びや悲しみがあります。特に靴は、あなたをより高いステージへと運んでくれる大事なシンデレラの馬車。その存在に気づいてあげるだけで、あなたをたちまち憧れの世界へと連れて行ってくれるでしょう。

仕事用のバッグ、デート用のバッグもあなたに限りなくパワーをくれる幸せのマストアイテム。帰宅したら、「ありがとう♡」と言いながらバッグの中身を整理整頓。外出前は「よろしくね！」と鏡越しに挨拶してあげましょう。

仕事運も恋愛運もぐんぐん上昇します！

true message

受験や就活などが
うまくいかない時というのは、
「選考されて落とされた」
のではなく、
「そこには行かないほうがいいよ!」
という
魂からのメッセージです。

試験に落ちた、受けた会社からみな断られる……。そんな時も、落ち込まなくて大丈夫！　人生は幸せのために、必要なところにだけ行けるようになっています。

もし今仕事がないのなら、それは宇宙があなたのために調整してくれている真っ最中。エネルギーを蓄える大事な時間。間もなくふさわしい場所が現れます。進路や仕事が決まらない時、悩む時というのは、自分にとって仕事とは何か、自分が本当に望んでいる場所はどこなのかをもう一度考えてみよう、という魂との大切な会話の時間です。

また、自分で自分に〝どうせダメ〟のフタをしてしまっている時にもこういうことが起こります。世間の常識や周りの反応、そんなものは捨ててしまって、今日から〝興味ある！〟〝やってみたい！〟で動きましょう。面接官に〝会えてうれしい！〟という気持ちで臨みましょう。笑顔ある限り必ず道は開けます。そこに、明日のあなたの笑顔がつくられるのです。

waiting time

立ち止まって力をためる。そういう時期が、どうしても必要なのです。

力をためた時ほど物質は勢いを持ち、より遠く、より高く移動できます。私たちの能力や魅力もこれと一緒で、使わない時期が長ければ長いほど、美しく磨かれて出番を待っています。

人生は美しい織物です。一本一本の糸は細く、何も主張しないけれど、それがある時素晴らしい色彩で一枚の大きなビジョンとなり、誇り高く立ち上がります。

停滞している、何もできないと感じるなら、今は紡《つむ》ぐ時。ためればためただけ、大きく温かく包みこむ美しい布ができあがるのです。

right now

まず、落ち着こう！

過去にも未来にも
さわれない。
さわれるのは、
今の時間だけ。

将来の不安は過去の過ちを掘り起こし、今を恐怖のどん底へ落とし込む連鎖をつくります。ですが、私たちは過去にも未来にもさわれません。苦い経験を必要なものに変え、未来の不安の霧を晴らすことのできるコントローラーは、「今ここ」にしかありません。

「今」と「過去」と「未来」は連動しています。「今」をいいものに変えたなら、それだけで過去や未来が素晴らしいものに変わります。

不安が押し寄せてパニックになったり、死を考えてしまう時というのは、たいてい夜だったり、疲れすぎている時だったりと、まったくの一時的なものに過ぎません。人は、今しか光を放てないのです。

つらい時はこう言いましょう。「考えて何か変わるだろうか。何も変わらないなら、そのエネルギーを今に使おう」

そして呪文を唱えます。「絶対、大丈夫！」。私たちは今していることにしか、エネルギーを注ぐことができないのです。

human-beings

人間を生きる。ただそれだけでいい！

なんでもできる人が理想像なんて、それは自信のない人が勝手に決めた幻想。人は誰でも神様から「たったひとつの好き」を追求するよう任されていて、それを認められる人から幸せをつかむようになっています。できないのが人間、みっともないのが人間。強がって無理に笑って、一人でこっそり泣きながら、それでもがむしゃらに「好き」を貫いて生きるのが人間なのです。

たくさん恥をかいていい！　もどかしいくらい、ちょっとずつしか進めないのが人間なんです。

亡くなった人は、こう言っています。
「命がなくなる時は、
苦しくも、怖くもなかったよ。
とっても幸せなんだよ。
ここにはつらいことはひとつもないし、
おじいちゃん、おばあちゃんもいて、
ちっとも寂しくないんだよ。
見えないかもしれないけれど、
いつもそばにいるんだよ。
たくさん話しかけてね。必ず答えるから」

大好きな人に先立たれる悲しみや寂しさは、どれだけ涙を流しても終わることのない、果てしない深い谷に落ちていくようなものです。

一方で、体がなくなると、地上でのつらいこと、大変なことがすべてなくなり、うれしさや喜びだけを感じて過ごすことができるようになる、それはたいへん祝福されるべきことなのです。

亡くなる時は柔らかな光に包まれ、心地いい音楽が流れ、あらゆる幸福を感じます。すべてのことに感謝ができて、すべての出会いを祝福できるようになります。体がなくなると、残された人を守るパワーを持てるようになるのです。

人は亡くなって初めて、人生は終わらないことを知ります。会いたい人にまた会えることを知ります。だから、亡くなった人は待っています。人生をまっとうしたあなたと美しい笑顔で会える日を、守り導きながら待っています。先に亡くなった愛する人に想いを馳せる時に感じたこと、それが大好きな人からの言葉です。

thankfulness

本当に、「ありがとう」という言葉しか出てこない時があります。

つらいことばかりの日々の中でも、ふとすべてのことに感謝したくなる時があります。それは、今まさに神様とつながっている時なのです。苦しみの中でもがくあなたを救うためにやってくる、神様との時間です。そういう時は、脳の周波数が格段に上がり、大きな浄化が起こっています。きれいなエネルギーをたくさん受け取っている時です。

今あるものに感謝できる、心が温かいものであふれる、涙がとめどなく流れてくる……。神様は言います。「それが本当の姿なんだ」と。優しい気持ちでいっぱいのあなた、それが本当のあなたです。

Thank you!

smile

明日、あなたに会うのを
楽しみにしている人が、
必ずいます。
あなたの光を必要としている人が、
必ずいます。
その人のために、
最高の笑顔を
見せてあげてください。

生きている意味がわからない、何をやってもどんくさい。自分なんか誰にも必要とされていない、と思っていませんか?

人というのは、その人のできるところを見ているのではありません。その人の持つ光を無意識に受け取り、素敵なところを感じています。

あなたはいつも前向きに、人の見えないところで一生懸命努力ができる人です。いつも自分を省《かえり》みて、周りの人に感謝ができています。その心の光はきちんと輝いています。誰も何も言わないかもしれないけれど、みなあなたのその温かい光を感じて「また会いたい!」と心の中で思っています。

たった一人でもあなたに笑顔をくれる人がいるのなら、その人に光を見せてあげましょう。かっこよくなくていい、何かに優れていなくていい。みんなを温める笑顔こそ、一番すごい影響力を持つのです。

take off

悩んだら、それは次のステージへ移る最終搭乗案内です！

人生はいくつかのステージで構成されています。ステージが変わる時は、整理整頓をして浄化するために、さまざまな問題が起こります。

私たちは今までの安定が崩される時に深く悩みますが、それは「停滞」ではなく用意されている素晴らしいものを手に入れる「ステップアップ」の時なのです。「イヤだ」「つらい」そう思うのはあなたが成長したから。「変わりたい！」「よくなりたい！」を感じて、初めて運命は吉方《きっぽう》へ変わることを許されるのです。

悩んだら「アテンションプリーズ」、新しいステージへの最終搭乗案内！　新たなステージへ移るあなたに、「おめでとう」を贈ります。

your doctor

からだは優秀なドクター。
必ずよくなると
信じて疑わないことが、
一番のお薬。
そう思ってくれた
あなたのために、
最高の力で治ろうとするのです。

不調が訪れるのは、心がいっぱいいっぱいになっていることを教えるサイン。日々の苦しさや生きづらさに向き合わずに突っ走っていると、魂は最終手段としてからだに不調を起こさせ、強制的に休ませようと働くのです。その時初めて「何か変だぞ。がんばりすぎたな」と気づきます。

痛みや苦しみ、自由になれないもどかしさは私たちを苦しめるために悪魔が起こしているのではなく、「お疲れ様」と大事なことを教えてくれる天使からのメッセージなのです。

だから、不安を感じる必要はありません。こういう時はとにかく眠りましょう。私たちのからだは、どんなお医者さんもかなわない〝優秀なドクター〟。睡眠をとることで宇宙エネルギーとつながり、ちゃんとよくなるようになっています。

回復のキーワードは「安心」です。笑っている時というのはどんな不安も去っている状態。温かい言葉でいっぱいの本を読む、ダジャレを考えるなども、回復を早める効果的な方法です。

「大好き」と伝えよう。今日で最後かもしれないから。

さっきまで元気だった人が、突然いなくなってしまうということがいつ起きても不思議ではない世の中です。いつも一緒にいる家族、恋人でさえも一期一会。今日で最後かもしれないと思ったら、怒りや意地は消滅して、代わりに愛おしさがあふれてくるでしょう。

最後に伝えたい言葉、「大好き」を言い続けると、会えなくなった時も後悔の気持ちは起こりません。代わりに、「出会えてよかった」という感謝の気持ちに包まれて、いいエネルギーで満たされます。

grace

あなたは
一人ぼっちではありません。
ほっとするひと時を
感じたなら、
神様に
お礼を言いましょう。

ぐっすり眠れた時の喜び、冬の寒い日に感じた温かな日差し、真夏に感じるひと吹きの涼風……。思いがけない喜びや安心は、がんばっているあなたへの神様からのはからいです。

あなたは一人ぼっちではありません。落ち込み、自分を責めながら一生懸命生きているあなたを神様は心から愛おしく想い、誰よりも最初に助けようとしてくれています。

ほっとするひと時は、神様からの「守っているよ」のメッセージ。神様の存在を教えるかすかなメッセージをキャッチしたならば、「神様、守ってくれてありがとう」とお礼を言いましょう。

神様は、それはそれは喜びます。

何気ない日常の中で、神様に守られていることに気づいた人から、幸せをつかんでいけるのです。

floating

人生は、川の流れに乗っている木の葉のよう。行けるところに行けるようになっている。

海や川でおぼれた時の対処法のひとつは、水の中で暴れないこと。そうすれば、浮力で自然とからだが浮き、沈むことがないからです。それと同様に、この世も、つらい時こそじたばたしない。難問こそ軽く考える。すると、宇宙の浮力が働き、軽い光に囲まれ、何でも叶う宇宙の環に乗ることができるのです。

煮詰まってきたら、木の葉になったイメージをしてみましょう。そんな軽さが宇宙エネルギーのめぐりに乗り、たくさんの奇跡を起こすのです。

悔しがる必要はありません。
ここは
あなたのゴールではありません。
がんばったあなたに、
人生の奇跡は
必ずやってきます。

悔しい思いがあるからこそジャンプアップできる。「チキショー！」「ふざけるな！」「今に見てろ！」そういう気持ちがアクセルを全開にさせて、勇気やパワーを生み出し、潜在意識とつながるのです。

だからこそ、あなたが望む憧れの場所に届くのです。相手はそのまま低くとどまり、あなたは間もなく高い世界へ飛び立てます。

悔しがる必要なんかありません。

あなたはシンデレラであり、美しい白鳥です。もうすぐお迎えの立派な馬車がきます。真っ白い大きな羽で別世界へ飛び立ちます。

あなたを傷つけた人たちが小さく消えていきます。もうすぐ立ち去るその場所に感謝しましょう。

あなたを悔しい気持ちにさせてくれた人全員に感謝せずにはいられない、見たこともない世界が、このあと確実にやってくるのです。

key for fortune

「よくなっていいんだ」と自分に許す。それが、運が入ってくる扉を開くカギ。

私たちは、常に宇宙から降りしきるエネルギーの中で毎日を送っています。そのエネルギーがある限り、何でも叶うようになっています。うまくいかないのはそのエネルギーの入口にフタをしているから。フタの原因は過去の怖かったこと、怒られたこと、人前で恥をかいたことなど。「またあんなことが起こるに違いない」という無意識の恐怖がフタをするのです。うまくいかない時は、「よくなっていいんだ」と声に出してみましょう。それだけで、宇宙のエネルギーを受け取る入口が大きく開き始めます。

effort

つらい時の努力は、ポイントが高い！

「気づき」や「努力」というポイントを積み重ねることで、より高いところへ行けるようになっている、それが人生のシステム。

行動の難易度が高ければ高いほどポイントは多くつき、これを「徳を積む」と言います。

昨日とは少しだけ違う難しいこと、面倒なことにトライしてみましょう。自分がやらなくてもいいことをあえて率先して行ってみましょう。「徳」は高い波動を持ち、潜在能力を引き出して、宇宙エネルギーをふんだんに呼び込む幸福体質をつくります。幸福体質になると、あらゆる不安が消し去られ、「自分は自分でいいんだ」とありのままの自分を認められるようになるのです。

さぁ、今日から、つらいこと、面倒なことをポイント制にして集めてみましょう。たくさんがんばってきたあなたですから、あと少しで望む未来が見えてきます。

virtue

損したなんて思わなくて
大丈夫。
この世は、
損した人が一番早く
大きな幸せを
つかむようになっているのです。

お金やルックス、権力など「地上の得」は形が変わるもの。積み重ねても崩れてしまいます。「宇宙の得」はその逆で、思いやりや勇気など。不変のものはいくらでもポイントを積み重ねることができます。

もし「いつも自分は損ばかり」と落ち込んでいるなら、それは宇宙の得を積んでいること。道端のゴミは「ラッキー！」と言って拾いましょう。それを拾いたがっている人がいたら譲りましょう。自分は何でも最後にして、待つ時間を楽しみましょう。損していると感じたら、おめでとうございます！　まさに、宇宙エネルギーの環に乗っているということです。

おわりに

失敗して落ち込む時、もう一歩も前へ進めないと人生をあきらめる時、私たちは必ず助けてくれる言葉と出合います。愛する人、家族、友人、同僚からの「大丈夫だよ！」も、ふと聞こえた励ましの歌も、それらはいつもそばにいてくれる神様からのメッセージです。

約10年前に初めて宇宙からのメッセージを受け取るようになり、神様と会話ができるようになりました。その中で、人間は自分の中にすべて必要なものが備わって生まれてきていること、その機能のスイッチを入れることで、誰でも自慢できるほど輝く未来が約束されていることを教えていただきました。

今、苦しくてトンネルの出口が見えないのは、真っ暗な未来が存在しているからではなく、そのスイッチがオフになっているだけ。一人で悩んでいるすべての人にその真実を知ってもらいたくて、ブログや講演会でメッセージをお伝えしてきました。

綴《つづ》った言葉、それは神様からいただいたもの。読んでくれた人が明日は大丈夫なんだ、と必ず元気を取り戻してくれるように、祈りを込めて選んだものです。

不安で眠れない時、嫌なことを言われて傷ついた時、未来に希望が見えない時、メッセージが欲しい時などに、この本を開いてみてください。そこに書かれている言葉は、みな神様からあなたへの直接のメッセージです。

心の疲れを癒し、眠っている潜在能力を引き出してくれるでしょう。あなたの波動を輝かせ、幸せの天使を呼び込み、直面している問題の解決策を教えてくれることでしょう。

からまっていた人間関係の糸がほどかれ、本当の力が現れ始め、あきらめていた夢が実現するようになります。人生とはこんなに素晴らしいものなんだと、掛け値なしの最高の景色を見せてくれるようになります。あなたを安心に導く神様の温かさを感じることができるでしょう。

神様はいつもそばにいます。こんなにがんばっているんだもん。必ずよくなるよ！　みなさんの幸せの扉は、もうちゃんと開き始めています。

日下　由紀恵

photo credit

P15、27、103、119：日下由紀恵。
以下すべて、Shutterstock.com より。
P7：Dieter Hawlan、P11：Ksenia Raykova、P19：Nadezda Cruzova、P23：JStaley401、
P31：Tom Klima、P35：Stef Brown、P39：berna namoglu、P43：Jan Martin Will、
P47：gulserinak1955、P51：Jaromir Chalabala、P55：Background Land、
P59：Tania Kolinko、P63：George Dolgikh、P67：irin-k、P71：Smit、P75：IZO、
P79：DavidTB、P83：isarescheewin、P87：Seqoya、P91：My Good Images、
P95：WANG WENTONG、P99：Maya Kruchankova、P107：Anna-Mari West、
P111：photowings、P115：Stacey Newman、P123：Annette Shaff、P127：solominviktor、
P131：Sergey Novikov、P135：Mikkel Bigandt、P139：tratong、P143：RimDream、
P147：Gwoeii、P151：Asaf Eliason、P155：KPG Payless2

さくいん

今の気持ちに合う言葉を見つけて、そのページを読んでみましょう。
今あなたが必要としているメッセージが、
そこに見つかるでしょう。

日下由紀恵 | Kusaka Yukie

「癒しのカウンセリング」を行う、スピリチュアル心理カウンセラー。ある日突然、生まれる瞬間のビジョンを見せられてから急激に霊感が開き、神様との会話のチャンスを授かる。その中で、人間の持つ可能性を最大に引き出す「自浄力」のしくみや、うつ病とトラウマの関係について教示を受ける。風水師・高里由美子氏に師事、墓・空間風水、カラーセラピー、先祖霊などについて深く学ぶ。相談者の魂とアクセスする「魂のアクセス・リーディング」カウンセリングは国内にとどまらず海外からも人気。日本全国でカウンセリング、セミナー、講演を行っている。また、生霊・未成仏霊・地縛霊の浄霊活動にも携わり、浄霊数は、5万体にも上る。著書に『もう凹まない傷つかない　こころが輝く自浄力』『邪気をはらって幸せをよびこむ　浄化の方法』(いずれも永岡書店)。その他、カラーアナリスト、翻訳家としても活躍している。
＊オフィシャルサイト　http://officeindigo.com/
＊ブログ「オーラが輝く！　神様が教えてくれた自浄力」
http://ameblo.jp/officeindigo/

ブックデザイン：白畠かおり
校正：くすのき舎
編集協力：梅木里佳（チア・アップ）

神様からの Gift《ギフト》 Word《ワード》
心を浄化する幸せの言葉

著者　日下由紀恵
発行者　永岡修一
発行所　株式会社　永岡書店
〒176-8518
東京都練馬区豊玉上 1-7-14
代表：03（3992）5155
編集：03（3992）7191

DTP　編集室クルー
印　刷　誠宏印刷
製　本　ヤマナカ製本

ISBN978-4-522-43320-1　C2076
落丁本・乱丁本はお取り替えいたします。　②